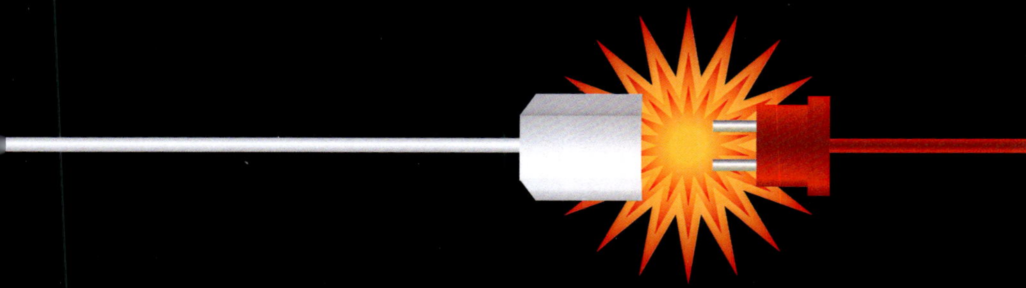

La science dans mon monde : niveau 2

L'ÉLECTRICITÉ TOUS LES JOURS,

CHOQUANT MAIS VRAI

Julie K. Lundgren

Un livre de la collection
Les jeunes plantes de Crabtree

CRABTREE
Publishing Company
www.crabtreebooks.com

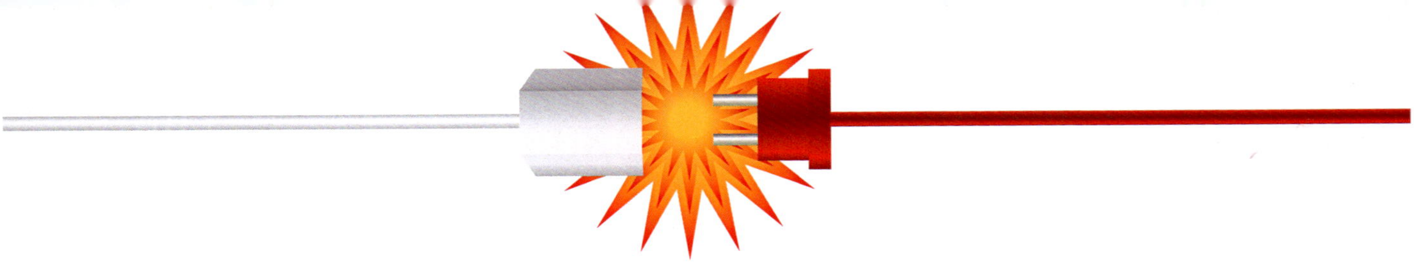

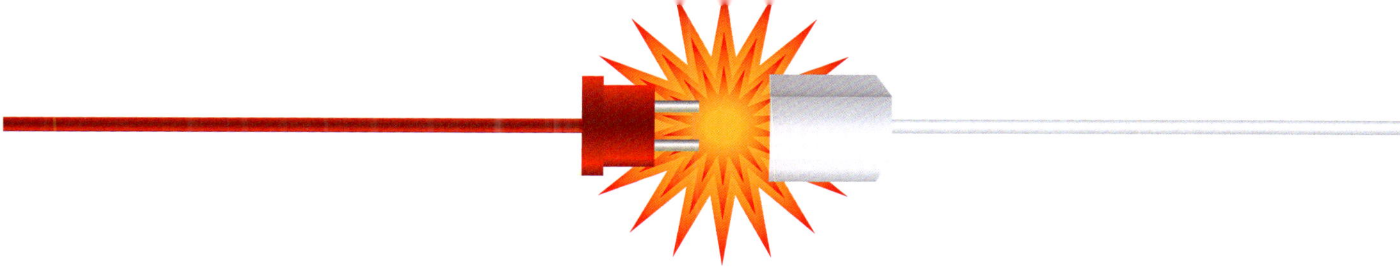

TABLE DES MATIÈRES

Qu’est-ce que l’électricité? 4

Les circuits 14

Les interrupteurs 20

Les conducteurs 22

Dessine un circuit 29

Glossaire 30

Index 31

QU'EST-CE QUE L'ÉLECTRICITÉ?

L'**électricité** est de l'**énergie**. Nous utilisons l'électricité dans les maisons, les écoles et les hôpitaux.

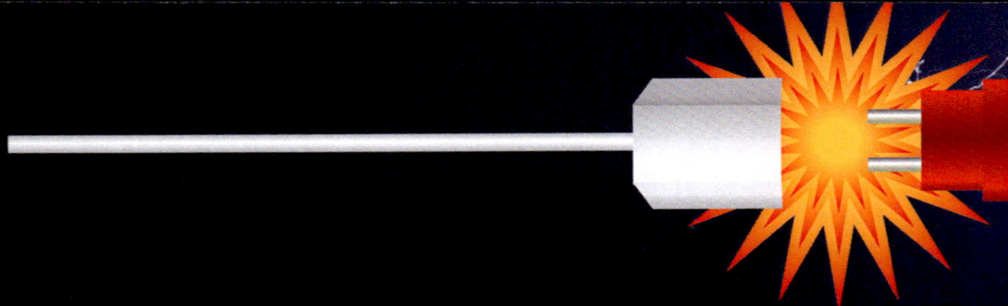

Craaac! Des éclairs zèbrent le ciel. Les éclairs sont de l'**électricité statique**.

L'électricité statique reste au même endroit. Elle fait coller les chaussettes aux vêtements quand ils sortent de la sécheuse. Elle fait un crépitement quand tu enlèves ton chandail.

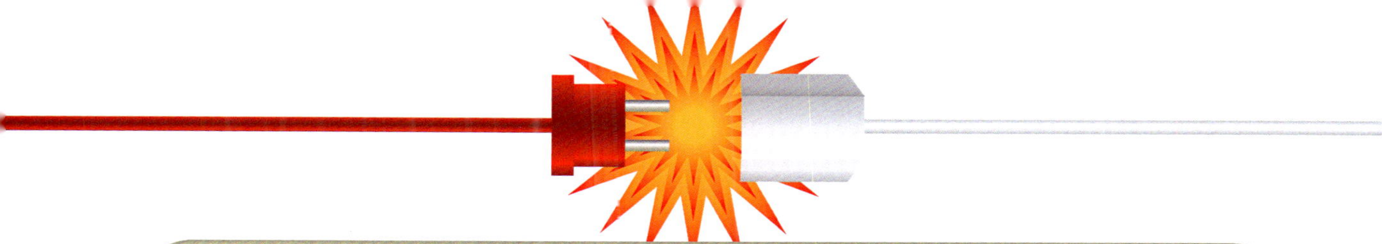

ENQUÊTE!

Frotte vigoureusement un ballon sur ta tête pendant 15 secondes. Éloigne-le lentement.

Que se passe-t-il? Est-ce que le ballon s'accroche à tes cheveux?

Bon travail! Tu as fait de l'électricité statique.

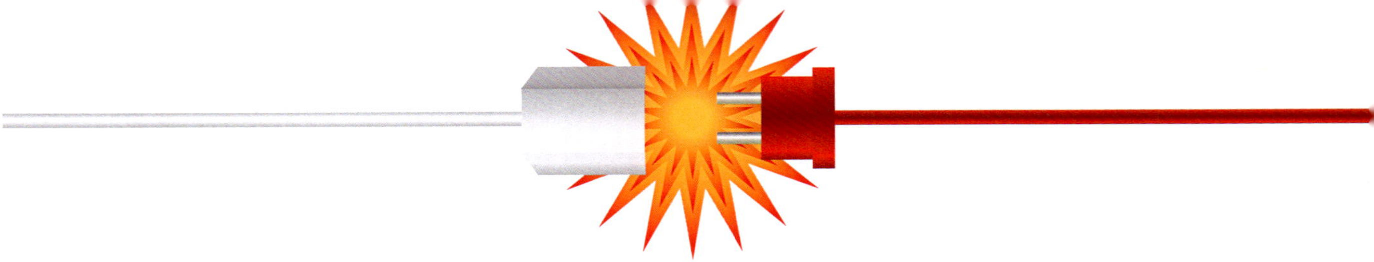

Nous utilisons de l'**électricité dynamique** pour alimenter les lampes, produire de la chaleur et faire fonctionner les appareils.

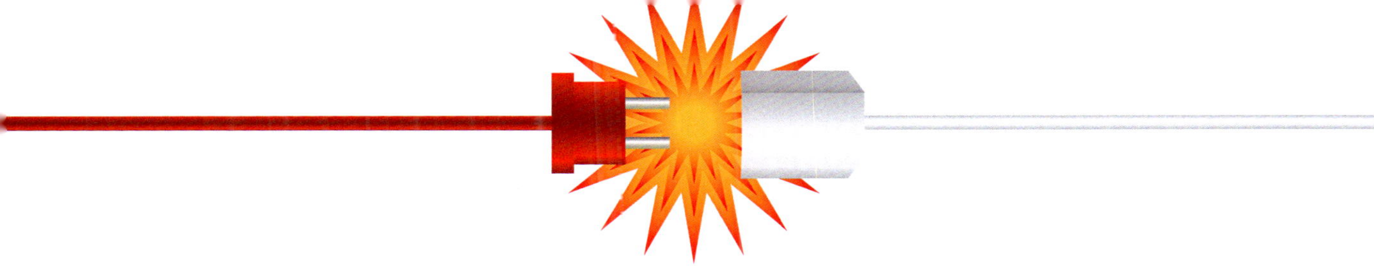

MAX
2200W

ARRET
OFF
7 Speeds - 7 Vitesses
PULSE

L’électricité dynamique se déplace jusqu’aux écoles, aux maisons et aux magasins par des câbles.

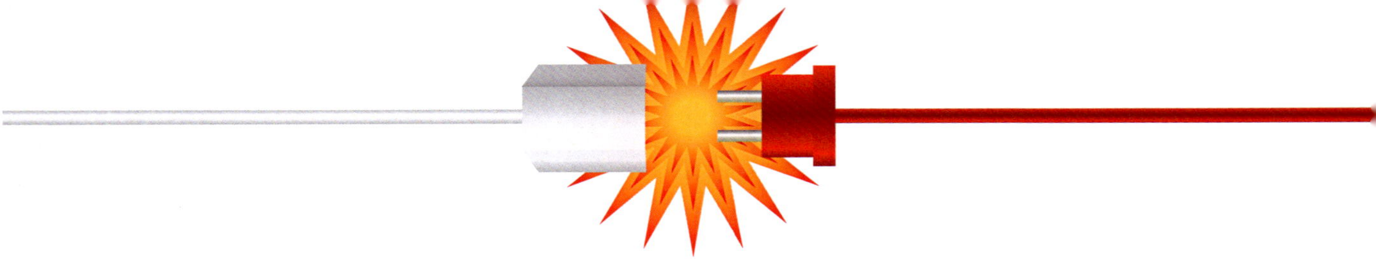

LES CIRCUITS

Le courant électrique se déplace par un **circuit**, ou boucle. Un simple circuit relie une source d’alimentation, comme une **pile**, à une lampe ou à un appareil et inversement.

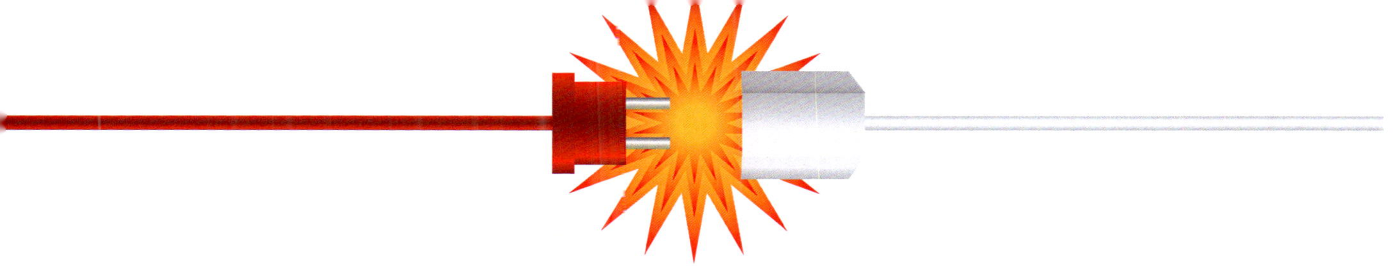

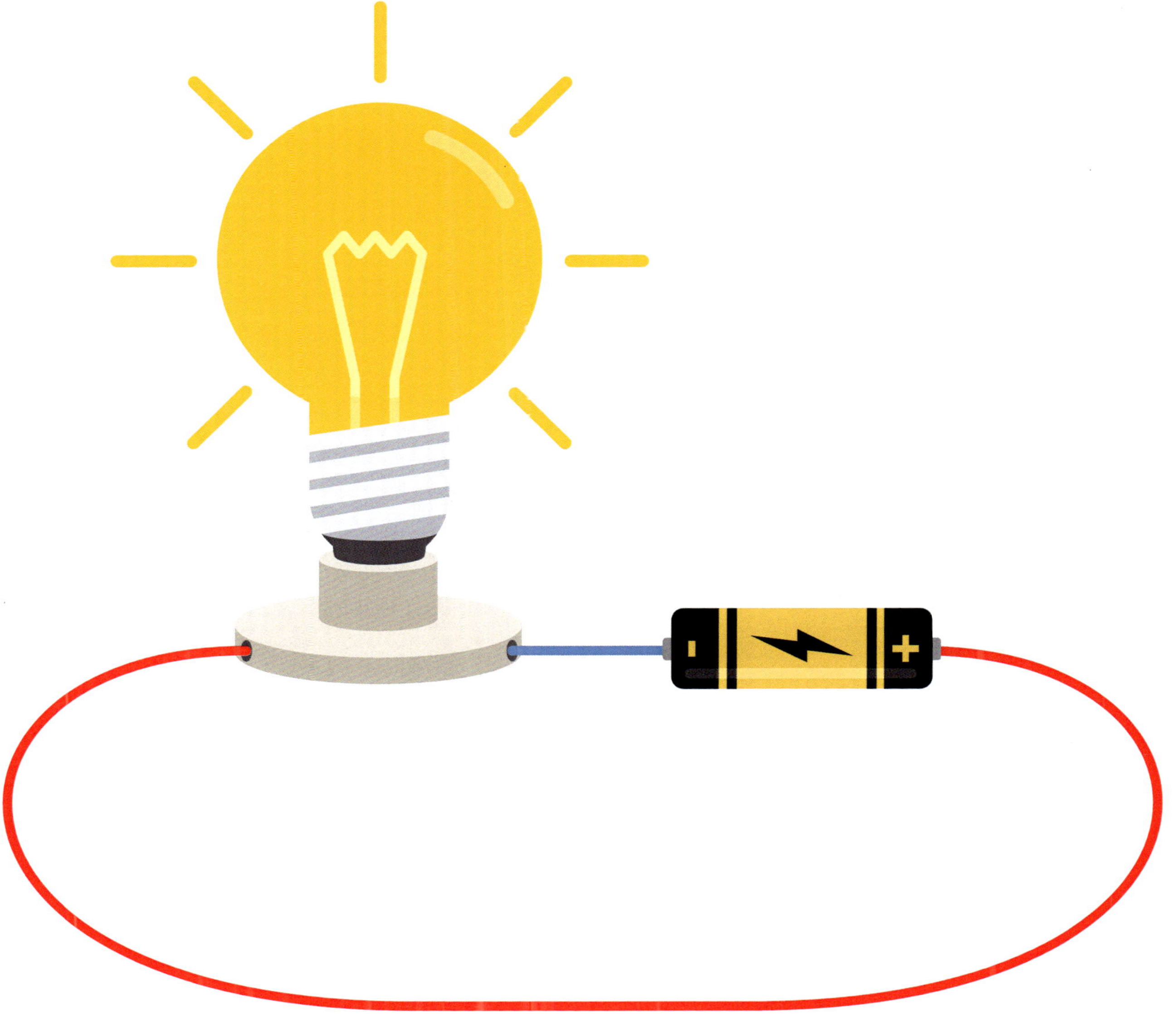

Les centrales électriques produisent de grandes quantités d’électricité et font partie d’énormes circuits.

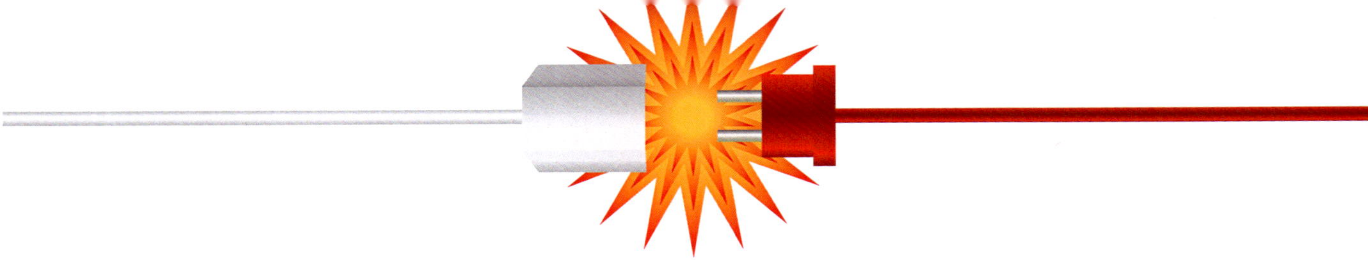

Les circuits fonctionnent seulement s'ils forment une boucle complète.

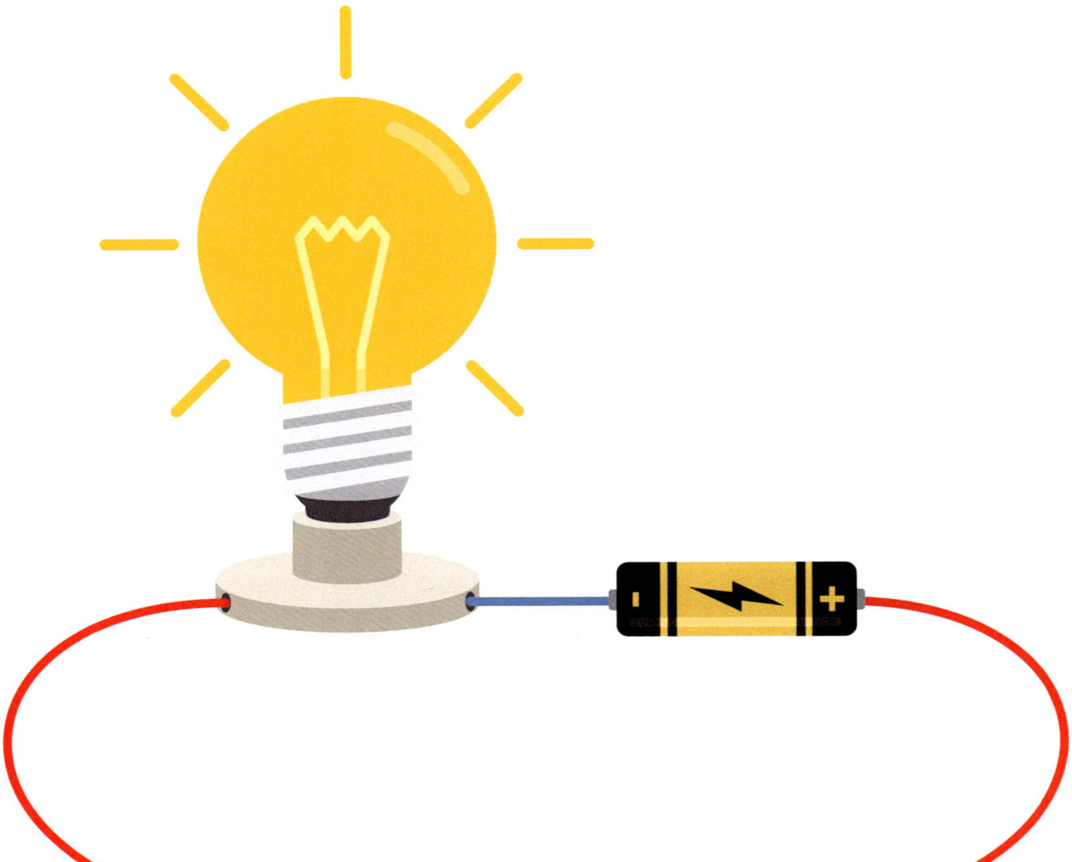

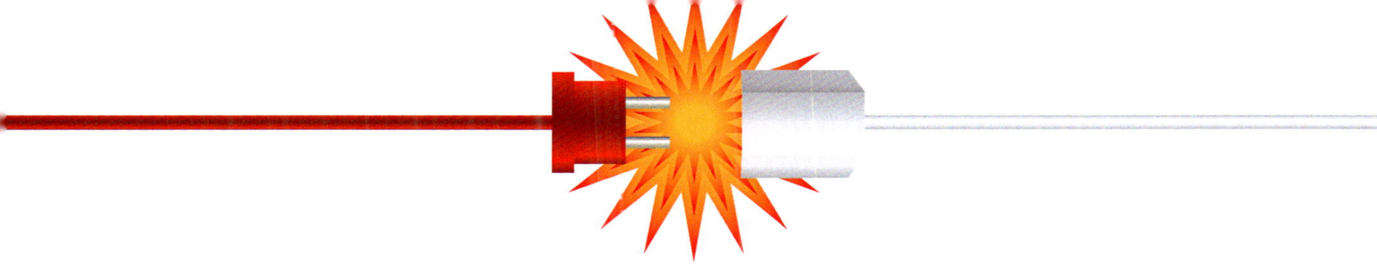

Si la boucle est brisée, le circuit ne fonctionne pas.

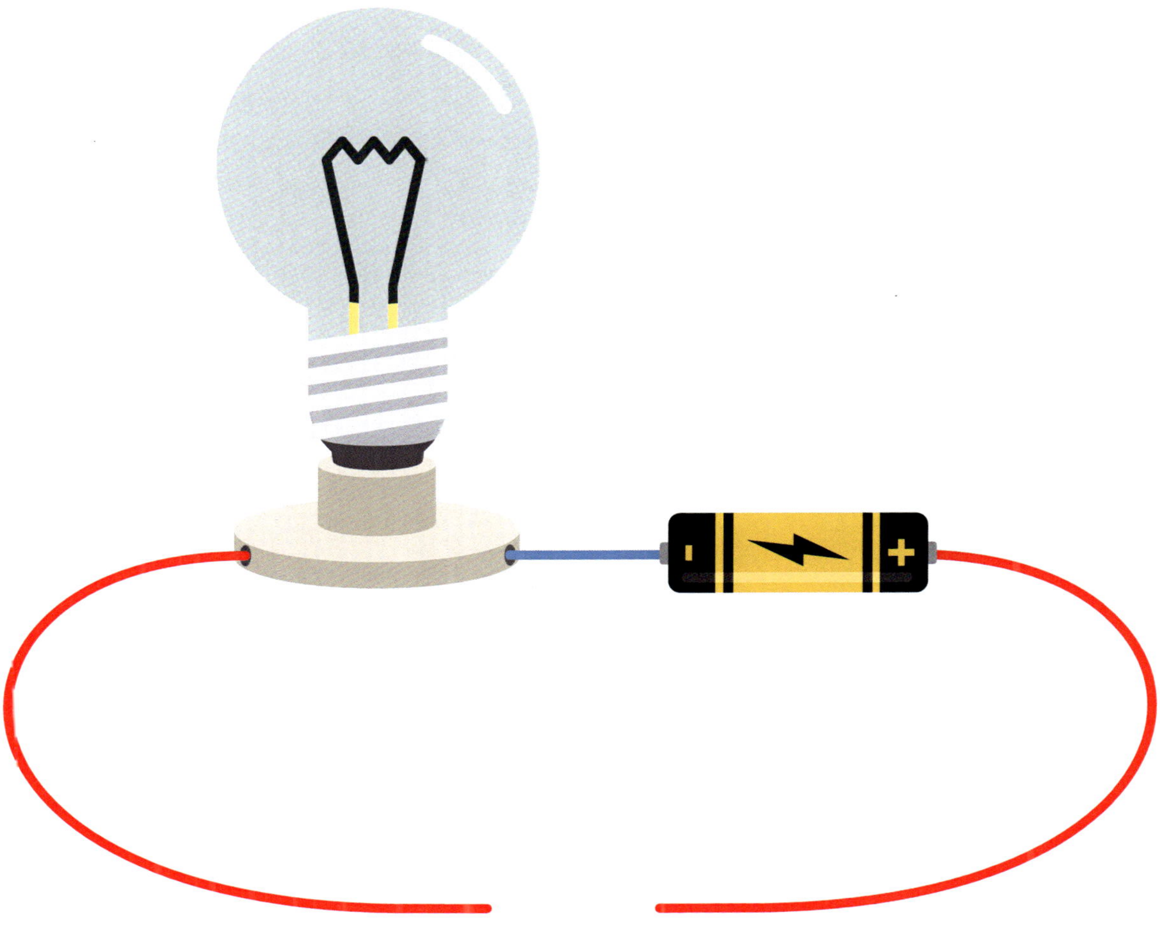

LES INTERRUPTEURS

Les circuits ont souvent des interrupteurs. Les interrupteurs coupent le courant sans débrancher les fils.

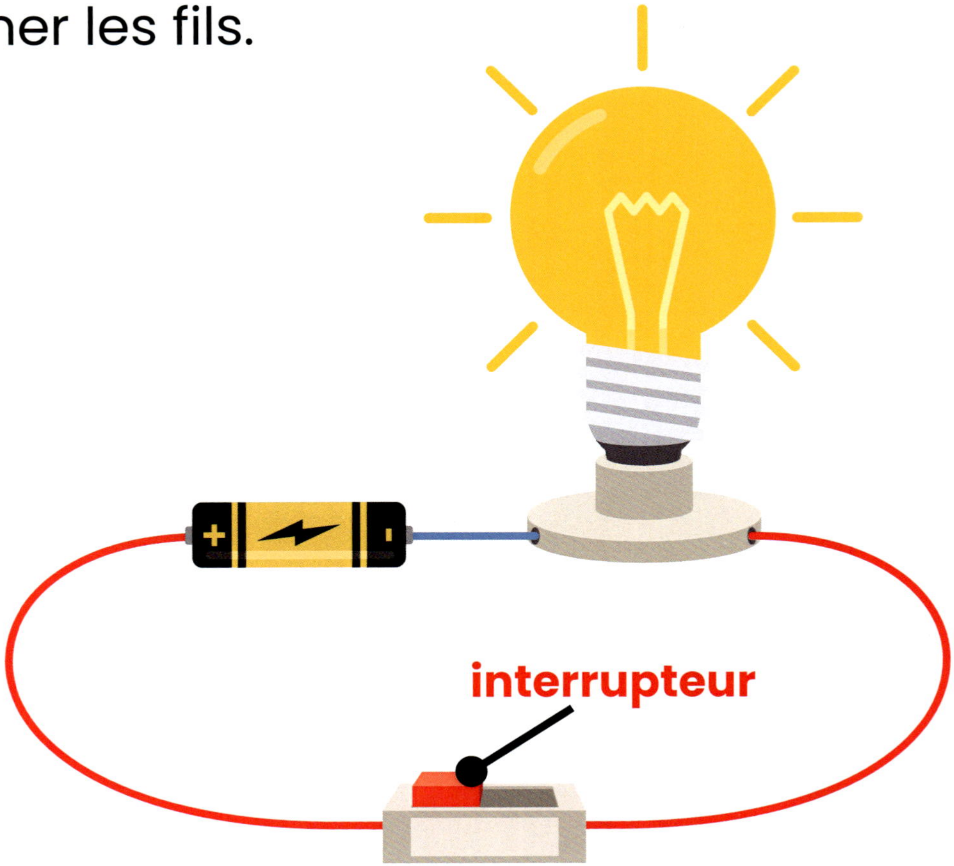

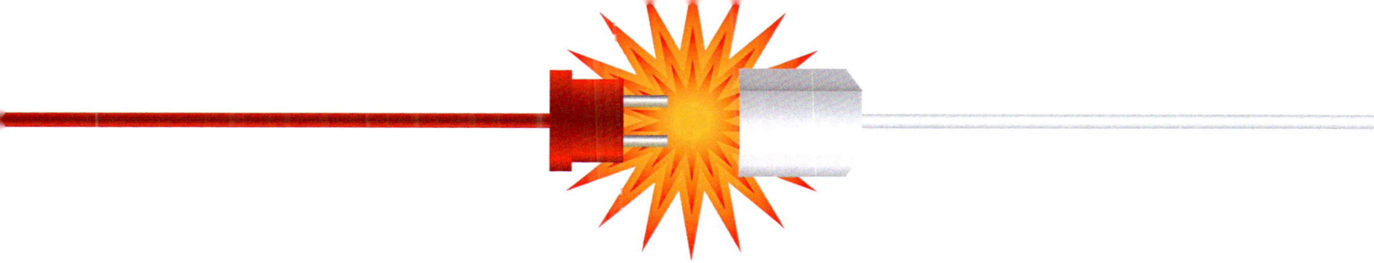

Les interrupteurs servent à allumer et à éteindre les appareils électriques.

LES CONDUCTEURS

L'électricité circule facilement à travers certains matériaux appelés **conducteurs**. Les métaux sont des conducteurs. Les circuits utilisent souvent des fils de métal.

or

argent

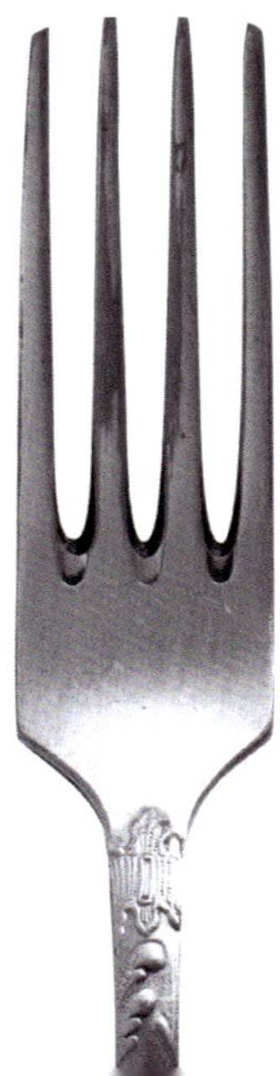

cuivre

fer

L'or, l'argent, le cuivre et le fer sont tous des conducteurs.

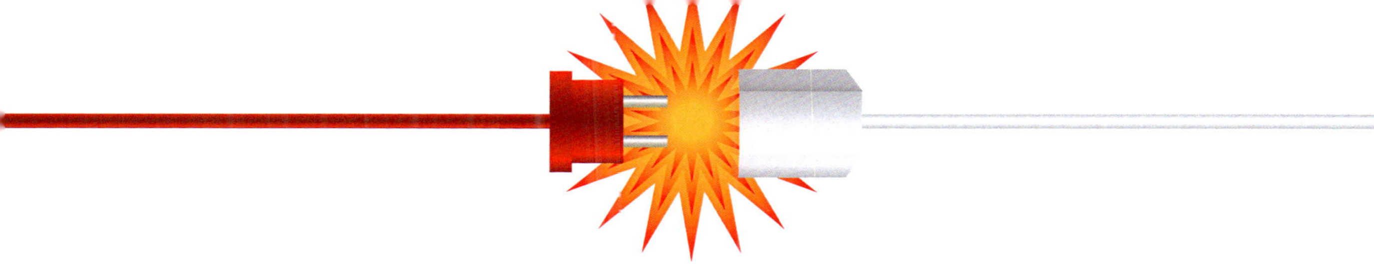

Les fils des circuits ont souvent un revêtement de plastique ou de caoutchouc. Ces matières, appelées **isolants**, ne laissent pas passer l'électricité.

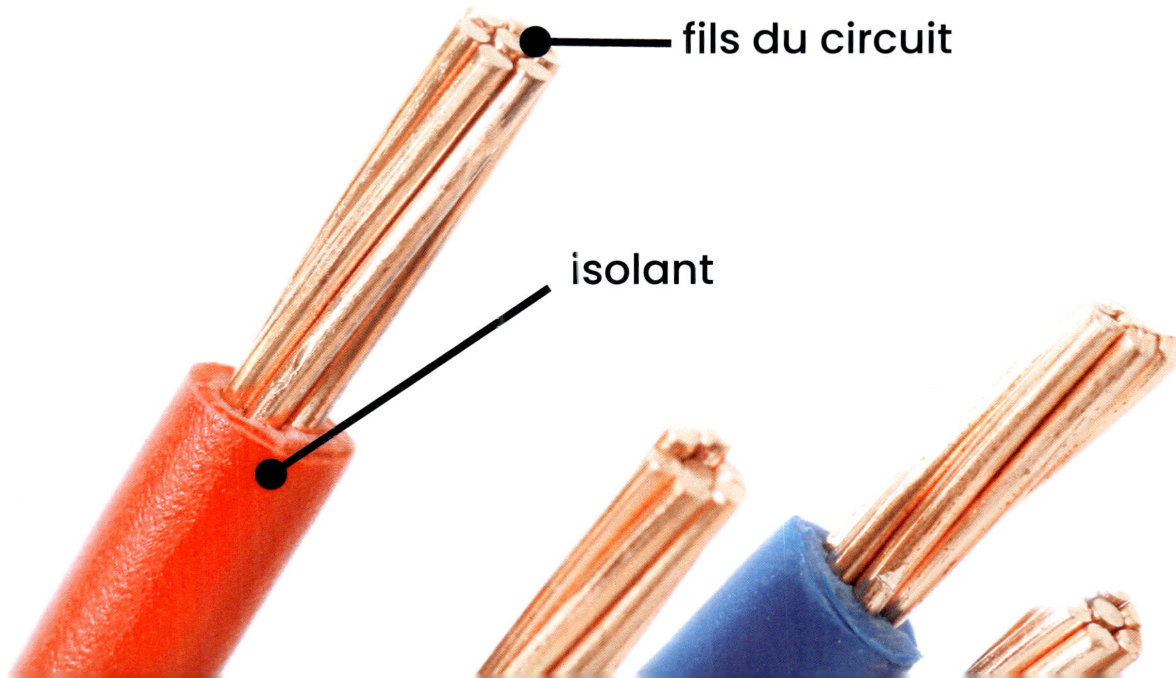

Les isolants protègent les gens et les choses contre les décharges électriques et les fils chauds.

Le caoutchouc, le plastique et le verre sont tous des isolants.

L’électricité alimente tout, que ce soit les téléphones, les lumières de la ville ou les ordinateurs.

La vie moderne serait très différente sans électricité.

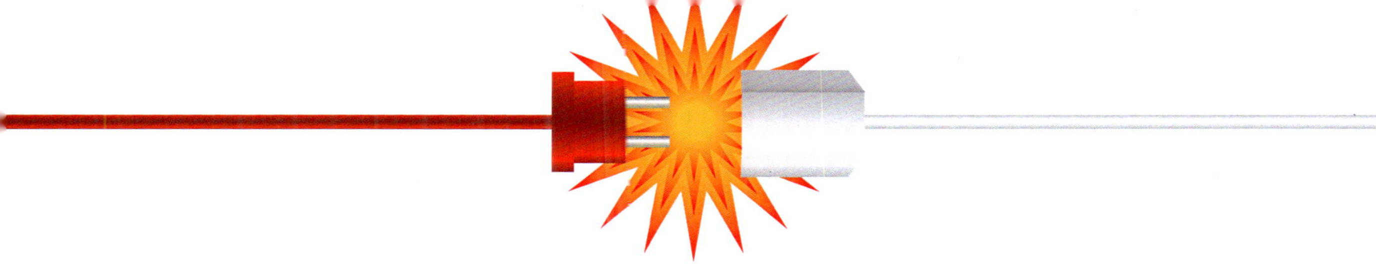

DESSINE UN CIRCUIT!

Regarde les parties d'un circuit ci-dessous. Essaie de les raccorder pour faire un circuit complet. Fais un dessin.

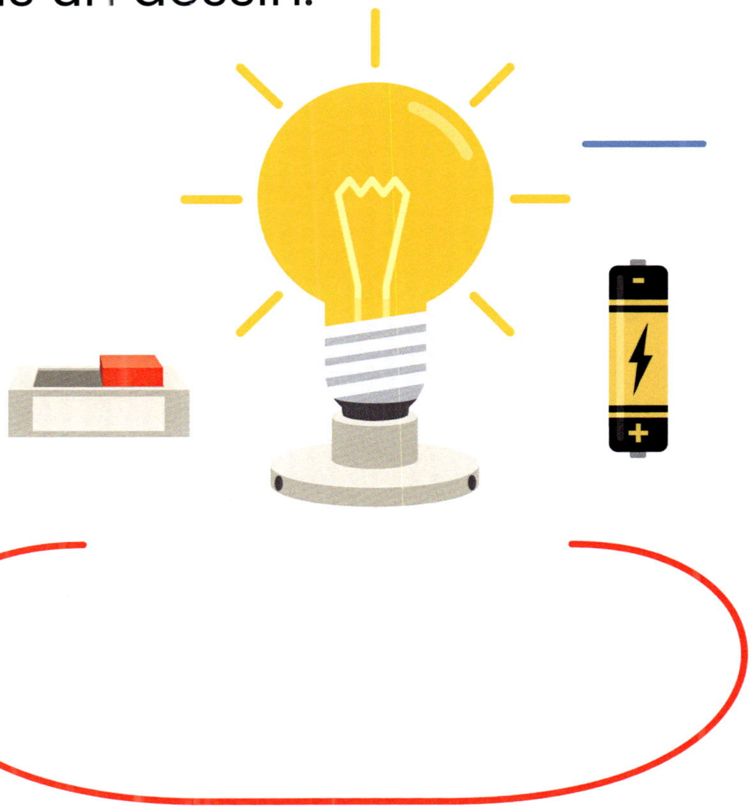

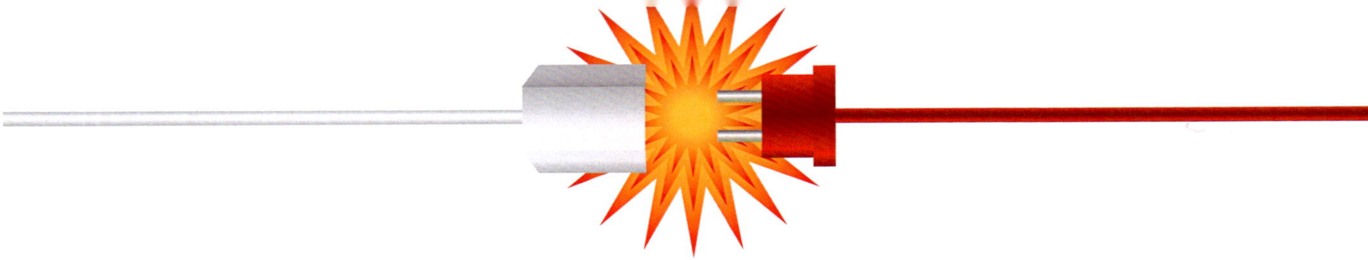

Glossaire

circuit (ssir-kui) : Un chemin par lequel l'électricité se déplace

conducteurs (kon-duc-teur) : Des matières à travers lesquelles le courant électrique passe facilement

électricité (é-lek-tri-ssi-té) : L'approvisionnement en énergie électrique qui alimente les appareils et qui produit de la chaleur et de la lumière

électricité dynamique (é-lek-tri-ssi-té di-na-mik) : Le déplacement de l'électricité d'un endroit à un autre, dans une direction

électricité statique (é-lek-tri-ssi-té sta-tik) : De l'électricité qui reste au même endroit, souvent produite par le frottement de deux matières

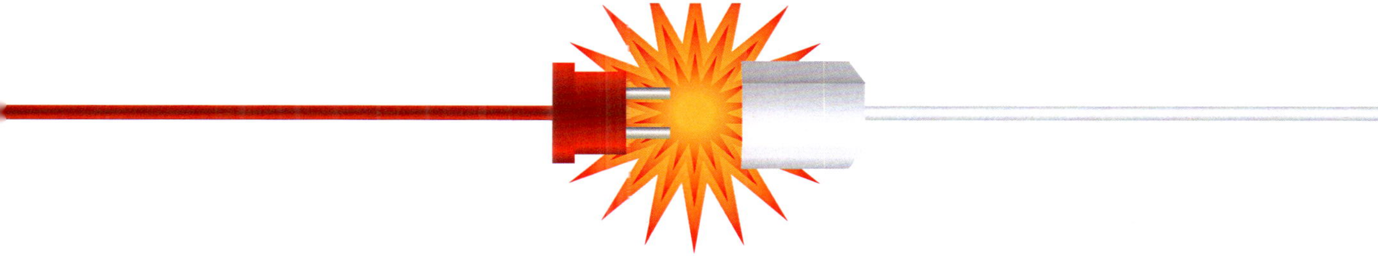

énergie (é-nèr-ji) : La force qui produit de la chaleur et fait fonctionner les appareils

isolants (i-zo-lan) : Des matières par lesquelles l'électricité ne peut pas passer

pile (pil) : Une source d'énergie électrique

Index

circuit(s) 14, 17, 18, 19, 20, 22, 23, 24, 29

conducteurs 22

éclairs 6

électricité dynamique 10, 13

électricité statique 6, 8, 9

énergie 4

interrupteurs 20, 21

isolant(s) 23, 24

pile 14

Soutien de l'école à la maison pour les parents, les gardiens et les enseignants

Ce livre aide les enfants à se développer grâce à la pratique de la lecture. Voici quelques exemples de questions pour aider le lecteur ou la lectrice à développer ses capacités de compréhension. Les suggestions de réponses sont indiquées en rouge.

Avant la lecture

- **De quoi ce livre parle-t-il?** *Je pense que ce livre parle de l'importance de l'électricité dans notre vie quotidienne. Je pense que ce livre parle de faits inhabituels au sujet de l'électricité.*
- **Qu'est-ce que je veux apprendre sur ce sujet?** *Je veux savoir comment être un électricien. Je veux apprendre quand et comment l'électricité a été découverte.*

Pendant la lecture

- **Je me demande pourquoi...** *Je me demande pourquoi les fils électriques sont faits de métal recouvert de caoutchouc. Je me demande pourquoi les lampes et les électroménagers ont des interrupteurs pour les allumer et les éteindre.*
- **Qu'est-ce que j'ai appris jusqu'à présent?** *J'ai appris que les centrales électriques produisent de grandes quantités d'électricité et font partie de grands circuits. J'ai appris qu'une pile est une source d'énergie.*

Après la lecture

- **Nomme quelques détails que tu as retenus.** *J'ai appris que les éclairs sont de l'électricité statique. J'ai appris que l'électricité est l'énergie qui alimente les appareils dans nos maisons.*
- **Lis le livre à nouveau et cherche les mots du glossaire.** *Je vois le mot* ***circuit*** *à la page 14 et le mot* ***isolants*** *à la page 23. Les autres mots du glossaire se trouvent aux pages 30 et 31.*

Crabtree Publishing Company
www.crabtreebooks.com 1-800-387-7650

Version imprimée du livre produite conjointement avec Blue Door Education en 2021.

Références photographiques : Couverture ©Triff; graphique du titre ©joingate; p. 4-5 © Rawpixel.com, p. 6-7 © John D Sirlin; p. 8 © Hallgerd; p. 9 © gritsalak karalak; p. 10-11 © Artkot, Gilmanshin, GraA-Sa Victoria; p. 12-13 © Edin Ramic; p. 15, 18, 19, 20 et 29 © yusufdemirci, p. 16-17 © Thani Normai; p. 21 © Jouke van Keulen, p. 22 (bague) © skylines, (pièce d'un cent) © rsooll, (fourchette) © eMPe, (clé) © vovan; p. 23 © sydeen; p. 24 © Marynchenko Oleksandr, and MilaLiu; p. 25 © Francescomoufotografo, p. 26-27 © Songquan Deng. P. 28 © Federico Rostagno. Toutes les images proviennent de www.Shutterstock.com

Imprimé au Canada/112021/CPC

Autrice : Julie K. Lundgren
Coordonnatrice de l'impression : Katherine Berti
Traduction : Annie Evearts

Publié au Canada par Crabtree Publishing
616 Welland Ave.
St. Catharines, ON
L2M 5V6

Publié aux États-Unis par Crabtree Publishing
347 Fifth Ave
Suite 1402-145
New York, NY 10016

Catalogage avant publication de Bibliothèque et Archives Canada

Titre: L'électricité tous les jours : choquant mais vrai / Julie K. Lundgren ; texte français d'Annie Evearts.
Autres titres: Everyday electricity. Français.
Noms: Lundgren, Julie K., auteur.
Description: Mention de collection: La science dans mon monde : niveau 2 | Les jeunes plantes de Crabtree | Traduction de : Everyday electricity. | Comprend un index.
Identifiants: Canadiana (livre imprimé) 20210266104 | Canadiana (livre numérique) 20210266120 | ISBN 9781039609402 (couverture souple) | ISBN 9781039609471 (HTML) | ISBN 9781039609549 (EPUB)
Vedettes-matière: RVM: Électricité—Ouvrages pour la jeunesse. | RVM: Circuits électriques—Ouvrages pour la jeunesse. | RVMGF: Documents pour la jeunesse.
Classification: LCC QC527.2 .L8614 2022 | CDD j537—dc23